Ce livre est publié par un éditeur indépendant.

Si vous désirez recevoir gratuitement notre catalogue
et être régulièrement informé de nos nouveautés,
n'hésitez pas à envoyer vos coordonnées à :

L'ARCHE *Éditeur*
86, rue Bonaparte
75006 Paris
newsletter@arche-editeur.com

Ouais, petite fille rêveuse et flegmatique passe le plus clair de son temps avec sa Mémé Blanche, son excentrique grand-mère. Ensemble, elles jouent au badminton avec un volant invisible, dansent à la guinguette du coin, se racontent des histoires sur les grandes femmes de l'Histoire... Et puis, Pépé Lulu est mort il y a trois mois. Mémé Blanche a besoin de compagnie et elle commence sérieusement à dérailler !

Ouais ne comprend pas. Ses parents disent que Mémé Blanche aurait une chose dans la tête, ce « truc avec un nom bizarre ». Mémé Blanche, elle, prétend plutôt que c'est Léon Zitrone qui la lui a volée.

Ce dialogue, drôle et touchant, met des mots simples et tendres sur la maladie d'Alzheimer.

Fabrice Melquiot est né en 1972 à Modane. Il a publié une cinquantaine de pièces et poèmes.

# *Blanches*

ISBN : 978-2-85181-716-7

86, rue Bonaparte, 75006 Paris

contact@arche-editeur.com



Conception graphique de la couverture :
Susanne Gerhards

*Fabrice Melquiot*

# *Blanches*

*Ouvrage publié avec le concours*
*du Centre national du Livre*

THÉÂTRE JEUNESSE

L'Arche

Création le 2 mars 2010 au Théâtre Am Stram Gram (Genève), dans une mise en scène de Dominique Catton.

Avec Sarah Marcuse et Christiane Suter.

Scénographie : Terence Prout
Lumières : Andrea Abbatangelo
Univers sonore : Jean Faravel
Costumes : Marie-Ange Soresina
Postiches et maquillage : Katrin Zingg

*À Peppinella*

PERSONNAGES

MÉMÉ BLANCHE
OUAIS

1

MÉMÉ BLANCHE. Elles sont trop légères, ces raquettes. Et ce volant blanc qui finit toujours dans les haricots. En Angleterre, il n'y a pas de vent, alors évidemment le badminton c'est plus facile pour les Anglais, nous on en bave.

OUAIS. Joue, Mémé. À chaque fois, tu discutes.

MÉMÉ BLANCHE. Je ne discute pas, je dis juste que les raquettes sont légères, on n'a pas l'impression de faire du sport.

OUAIS. Allez –

MÉMÉ BLANCHE. Hop !

OUAIS. Quoi hop ?

MÉMÉ BLANCHE. Ben hop j'ai pas le droit de faire hop quand j'envoie le volant ?

OUAIS. Tu fais hop si tu veux. À condition d'envoyer le volant.

MÉMÉ BLANCHE. Je te l'ai envoyé, le volant. Joue.

OUAIS. Je peux pas jouer sans le volant.

MÉMÉ BLANCHE. Il est où, le volant ?

OUAIS. Dans ta main.

MÉMÉ BLANCHE. Ah oui. Qu'est-ce qu'il fait là ?

OUAIS. Il attend.

MÉMÉ BLANCHE. Il attend quoi ?

OUAIS. Que tu joues. Tu as fait hop mais tu n'as rien envoyé à part ça, tu as envoyé le hop mais t'as gardé le volant.

MÉMÉ BLANCHE. Et le hop, tu l'as reçu ?

OUAIS. Ouais.

MÉMÉ BLANCHE. Eh ben, tu n'as qu'à me renvoyer le hop.

OUAIS. Que je te renvoie le hop ?

MÉMÉ BLANCHE. On n'a qu'à jouer à se renvoyer des hops, au moins on arrêtera de marcher dans mes haricots.

OUAIS. On fait quand même les gestes ?

MÉMÉ BLANCHE. Bof.

OUAIS. Tu commences.

MÉMÉ BLANCHE. Hop.

OUAIS. Hop.

MÉMÉ BLANCHE. Hop.

OUAIS. Hop.

MÉMÉ BLANCHE. Hop.

OUAIS. Hop.

MÉMÉ BLANCHE. Hop.

OUAIS. Hop.

MÉMÉ BLANCHE. Hop hop.

OUAIS. Comment ça hop hop ? Tu ne peux pas m'envoyer deux hops, sinon c'est sûr que tu gagnes, vu que je ne peux en rattraper qu'un seul !

MÉMÉ BLANCHE. Je suis sûre que tu peux rattraper les deux.

OUAIS. Mais toi, tu n'y arriveras jamais.

MÉMÉ BLANCHE. Et pourquoi ça ?

OUAIS. Ben t'es trop vieille.

MÉMÉ BLANCHE. C'est ce qu'on va voir !

OUAIS. Hop hop !

MÉMÉ BLANCHE. Hop hop !

OUAIS. Hop hop !

MÉMÉ BLANCHE. Hop hop hop !

OUAIS. Tricheuse !

MÉMÉ BLANCHE. Je suis vieille, j'ai le droit ! Hop !

OUAIS. Hop hop hop hop hop hop !

MÉMÉ BLANCHE. Hop hop hop hop hop hop hop hop hop hop ! Ah !

OUAIS. C'est nul.

MÉMÉ BLANCHE. J'ai gagné.

OUAIS. Comment on le sait quand on a gagné ?

MÉMÉ BLANCHE. C'est celui qui le dit qui l'est.

OUAIS. Je me suis fait avoir.

MÉMÉ BLANCHE. Toute façon, il va faire nuit.

## 2

*Dans le soir qui tombe, Ouais refait son lacet sur le bord de la route. Une voiture passe, dont les phares l'éblouissent. Elle cache ses yeux derrière ses mains. Puis elle regarde ses mains, comme si ce n'était pas les siennes, comme si elle les trouvait bizarres, d'un coup, ses mains. En sifflotant, elle reprend son chemin. S'arrête à nouveau. Ramasse un caillou, qu'elle lance très loin, de l'autre côté de la route.*

OUAIS. Je sais ce que c'est, les points cardinaux. Les cardinaux, je sais ce que c'est. Les cardinaux sont des papes qui s'habillent en rouge. Par conséquent, les points cardinaux sont les endroits du monde où ils se rassemblent.

MÉMÉ BLANCHE. Je t'ai déjà dit cent fois de ne pas me demander où était ton grand-père, Ouais.

OUAIS. Il faut distinguer le grand pape en blanc, Pape numéro 1, celui qui peut se vanter d'avoir la garde-robe la plus fournie et le meilleur dentiste, c'est le pape qui entretient avec Dieu la relation la plus sincère, et le seul qu'on retransmet sur le satellite ; il parle dans les cent quinze langues, et peut s'adresser à presque tous les pays terriens, ce qui rapporte à l'Église davantage de fidèles que les petits papes en rouges qui restent dans l'ombre du grand et s'occupent de sa toilette en plus de la leur.

MÉMÉ BLANCHE. Ton grand-père est dans les feuilles des arbres, dans les cailloux du chemin, au sommet des montagnes, au creux de la vague, je ne sais pas moi, quelque part par là, cherche et tu trouveras. Est-ce que je te pose des questions, moi ?

OUAIS. Comme je le disais, les points cardinaux sont des rassemblements de petits papes en rouge.

MÉMÉ BLANCHE. Donne-moi ce chiffon, tu le passes sans y penser ; il ne faut pas être distraite quand on fait le ménage. Il y a toute une symbolique très compliquée derrière ce geste. Je t'expliquerai. En attendant, donne. Tu vois. Comme ça. Concentrée. Jusque dans les coins. C'est un mystère : toute cette poussière alors que je reçois si peu de visites. Et les fenêtres aux murs sont si étroites. Tu me demandes où est ton grand-père ? Regarde sous le chiffon, on ne sait jamais.

OUAIS. Il y a quatre endroits au monde où ils se donnent rendez-vous :

MÉMÉ BLANCHE. Oublie ce que je viens de dire, j'ai bu trop de vinaigre.

OUAIS. À l'Est, les cardinaux se lèvent et pleurent sur les épaules les uns des autres, parce qu'ils ne se sentent pas aimés, pas reconnus, pas valorisés ; ils pleurent un bon coup et après ça va mieux alors ils racontent des blagues : ils disent papa en parlant du grand pape, papa Jean-Paul, papa Benoît, etc., ils disent que c'est le papa de tous les papas et bla bla bla, alors qu'il n'a même pas d'enfant, ou alors sans faire exprès. Mémé Blanche, raconte-moi encore un truc sur Pépé Lulu.

MÉMÉ BLANCHE. Une fois par an, il se préparait un bon cassoulet avec des tranches de lard épaisses comme ça, de la saucisse de chez Monsieur Dalaison et des haricots du jardin ; mettait tout ça dans un Tupperware ; prenait le train pour Paris, puis le métro jusqu'au cimetière Montparnasse, il s'asseyait sur la tombe de ses parents – tes arrière-grands-parents – nouait sa serviette autour de son cou et taillait une petite bavette avec eux en se léchant les babines. Ce lambris est fichu. Et puis, c'est devenu moche, le lambris.

OUAIS. Au Nord, les cardinaux ont tellement froid qu'ils ont le nez de la même couleur que leur robe.

Au Sud, ils prennent tellement de coups de soleil qu'ils ruinent les pharmacies en Biafine.

MÉMÉ BLANCHE. Il y a des choses qu'on a trouvées belles un jour. Aujourd'hui, on ne peut plus poser les yeux dessus. J'ai adoré ce lambris.

OUAIS. À l'Ouest, les cardinaux se couchent sur leurs regrets. Ils ruminent toute la nuit. Se rongent les sangs, font de l'eczéma. Ça n'arrange pas leurs billes. C'est une vie difficile. De toute façon, il faut éviter les points de rendez-vous. C'est Mémé Blanche qui me l'a dit. Si tu donnes rendez-vous à quelqu'un, évite les points de rendez-vous, il y a trop de monde.

MÉMÉ BLANCHE. À quoi tu penses, Ouais ?

OUAIS. Ouais ?

MÉMÉ BLANCHE. À quoi tu penses ?

OUAIS. Je me racontais une histoire.

MÉMÉ BLANCHE. Une histoire sur ton grand-père ?

OUAIS. Non, les points cardinaux.

MÉMÉ BLANCHE. Tu me demandes de te raconter des choses, et puis tu n'écoutes pas.

OUAIS. J'ai écouté. Le chiffon. La poussière. Le cimetière des Paillasses. Le cassoulet. Tu vois.

MÉMÉ BLANCHE. Tu as vu toute cette poussière dans ma maison.

OUAIS. C'est pas Pépé Lulu, ça se voit. Pépé Lulu était tout maigre et tout petit ; alors de la poussière, il n'en ferait pas autant. Et il avait une odeur de citronnelle. Ta poussière, elle sent rien. Je peux aller dans le potager, chercher les asticots sur les salades ? Et puis je la laverai, je la fatiguerai, je l'assaisonnerai, et on la mangera toutes les deux à l'heure du goûter.

MÉMÉ BLANCHE. Je crois que j'ai bu tout le vinaigre.

3

*Ouais va jeter dix bouteilles de vinaigre vides dans le conteneur à bouteilles près de la maison de Mémé Blanche. On entend les bouteilles se briser les unes sur les autres.*

OUAIS. Je m'appelle Ouais. Tout le monde m'appelle Ouais, sauf les gens qui ne me connaissent pas. Je m'appelle Ouais, parce que depuis que j'étais enfant, je dis ouais à tout bout de champ. Il paraît qu'il faut dire oui, que dire ouais ça ne se fait pas. Si j'avais dit oui, on m'aurait appelé Oui, alors là non. On m'aurait pris pour la femme de Oui-Oui, vu que j'aurais été sa moitié, et franchement Oui-Oui, vous avez vu sa tronche ? Mémé Blanche dit que ce qui ne se fait pas, c'est d'abord ce qu'il faut faire. Papa dit qu'elle est psychopathe. Un psychopathe, c'est quelqu'un avec le cerveau qui marche à quatre pattes dans sa tête, alors il déraille. Mémé dit que c'est normal que Papa dise ça, vu que primo, c'est son gendre, deuzio, il est débile.

MÉMÉ BLANCHE. Comment tu trouves cette robe, Ouais ?

OUAIS. Comme d'habitude. Je la trouve blanche.

MÉMÉ BLANCHE. À part ça ?

OUAIS. À part ça, blanche.

MÉMÉ BLANCHE. À part blanche blanche ?

OUAIS. Je ne fais pas la différence entre la dentelle et les trous de mites.

MÉMÉ BLANCHE. Insolente.

OUAIS. Toi-même.

MÉMÉ BLANCHE. Je peux savoir qui t'a pendu la langue à ce point ?

OUAIS. Toi.

MÉMÉ BLANCHE. Alors continue.

OUAIS. Ouais.

MÉMÉ BLANCHE. Je l'ai payée une bouchée de pain. Je pourrais dormir à la friperie. Je pourrais y vivre. Je pourrais y mourir, à la friperie.

OUAIS. Mémé Blanche est coquette comme une demoiselle d'honneur. Mémé Blanche s'achète des robes par milliers, à la friperie de la rue des Capucins. Des robes toutes blanches, comme si elle devait se remarier tous les matins. Des robes comme son prénom, comme si elle voulait se présenter à chacun sans rien dire, simplement, regardez-moi.

MÉMÉ BLANCHE. Tu as eu des notes à l'école ?

OUAIS. J'ai pas encore de notes.

MÉMÉ BLANCHE. Qu'est-ce qu'elle attend ta maîtresse pour te mettre une note ?

OUAIS. Au collège, l'année prochaine, j'aurai des notes.

MÉMÉ BLANCHE. Il faut peut-être que je reprenne la taille, non ?

OUAIS. Pour l'instant, j'ai des observations.

MÉMÉ BLANCHE. J'aurais mis un petit kilo que ça ne m'étonnerait pas. Quel genre d'observations ?

OUAIS. Élève trop rêveuse, passe son temps à regarder par la fenêtre, puis sur le cahier de ses voisins pour rattraper le temps passé à regarder par la fenêtre. Ne participe jamais à l'oral, à croire qu'on lui a coupé la langue. Il faut écouter. Il faut suivre. Il faut parler. Lever la main de temps en temps. Trop peu d'acquis. Préoccupant. Étonnants résultats en dessin. Mais ça ne suffit pas. Demande de rendez-vous avec les parents.

MÉMÉ BLANCHE. C'est bien. C'est très bien.

OUAIS. Tu parles de ta robe ou de mes observations ?

MÉMÉ BLANCHE. Ma robe est bien, tes observations très bien. Je suis fière de toi.

OUAIS. Papa n'est pas très fier, Maman non plus.

MÉMÉ BLANCHE. Tu n'as qu'à les envoyer à l'école à ta place.

OUAIS. Tu crois qu'ils iraient ?

MÉMÉ BLANCHE. Ton père se mettrait au fond de la classe et il enverrait ses crottes de nez dans les cheveux de la petite fille devant lui. Ta mère passerait son temps à faire des tresses à ses copines, on ne devient pas coiffeuse par hasard. Ce serait pire, Ouais. Ce serait terrible. Si tes parents allaient à l'école à ta place, tu serais la dernière des cancres. Seraient fichus de dessiner un cercle quand on leur réclame un carré.

OUAIS. Tu as raison, Mémé Blanche.

MÉMÉ BLANCHE. Comme toujours.

OUAIS. Ouais.

MÉMÉ BLANCHE. C'est pas le tout, mais j'ai la guinguette, moi. Avec ton mètre dix, c'est pas toi qui vas me faire valser.

4

*Un petit vélo rouge traverse la scène. Ouais tient le guidon et pédale dur ; Mémé Blanche est assise sur le porte-bagages et se marre.*

OUAIS. C'est qui, lui ?

MÉMÉ BLANCHE. Le chauve ?

OUAIS. Sont tous chauves ici, alors si tu me dis le chauve, on s'y retrouve pas. Le monsieur avec la veste qui lui descend jusqu'aux genoux.

MÉMÉ BLANCHE. La redingote ? C'est René. René Guignon. Tout le monde l'appelle La Guigne. Il porte malheur. L'approche pas.

OUAIS. Et le monsieur avec la casquette ?

MÉMÉ BLANCHE. Ont tous des casquettes ici.

OUAIS. Avec la casquette de sport.

MÉMÉ BLANCHE. Henri de Condillac. Un sacré valseur. Son problème, c'est la transpiration. Tu danses avec lui et tu deviens une éponge.

OUAIS. Et lui, là-bas qui danse avec la dame en violet ?

MÉMÉ BLANCHE. Lui, c'est Nostradamus.

OUAIS. Il a un drôle de nom.

MÉMÉ BLANCHE. C'est un surnom. Il est voyant.

OUAIS. Il prédit l'avenir ?

MÉMÉ BLANCHE. Heureusement pour lui, parce qu'à part ça, il est complètement bigleux. Je plains cette pauvre Angèle, qui doit avoir les pieds ratatinés. Souris-lui. Elle nous regarde. Chère Angèle, comment ça va ? Très joli, ce violet.

OUAIS. Tu trouves ?

MÉMÉ BLANCHE. J'ai horreur du violet.

OUAIS. Pareil.

MÉMÉ BLANCHE. J'ai horreur de faire tapisserie.

OUAIS. Tapisserie ?

MÉMÉ BLANCHE. Faire tapisserie, oui.

OUAIS. Moi non plus, j'aime pas bricoler.

MÉMÉ BLANCHE. Bricoler.

OUAIS. La tapisserie, le carrelage, tous ces trucs de bricolage, c'est vrai, j'aime pas.

MÉMÉ BLANCHE. Ça te rebute.

OUAIS. Ouais, ça me rebute.

MÉMÉ BLANCHE. Pour ta gouverne, mon enfant, sache qu'en l'occurrence, faire tapisserie, ma petite Ouais, ça veut dire rester assise comme une cruche à attendre que quelqu'un vienne te faire danser.

OUAIS. Faire tapisserie.

MÉMÉ BLANCHE. Rester assise comme une cruche à la guinguette.

OUAIS. Parce qu'on te confond avec les murs, à force

que tu ne bouges pas, alors tu te transformes en papier peint.

MÉMÉ BLANCHE. Force est de constater que sur terre, les femmes sont trop nombreuses pour les hommes. Tant pis pour nous.

OUAIS. Ouais.

MÉMÉ BLANCHE. Je ne voulais pas que tu viennes, mais finalement je suis bien contente.

OUAIS. Je t'avais dit.

MÉMÉ BLANCHE. Tes parents doivent te chercher partout.

OUAIS. Ouais.

MÉMÉ BLANCHE. Ça leur fait les pieds.

OUAIS. Et lui, avec le costume rayé, il s'appelle comment ?

MÉMÉ BLANCHE. Maurice. Je ne connais pas son nom. Veux pas le connaître. Tu as vu sa moustache. On dirait la haie qui sépare mon jardin de celui des voisins.

OUAIS. Comment il fait pour manger ?

MÉMÉ BLANCHE. Il a remplacé sa fourchette par une débroussailleuse.

OUAIS. Et Pépé Lulu, il dansait ?

MÉMÉ BLANCHE. Il dansait, oui. Il se débrouillait. La polka surtout, en polka, c'était une référence.

## 5

*Ouais danse la polka face au miroir de sa chambre. Ça la fait rire. Elle fait semblant d'avoir un amoureux dans les bras. Parfois, l'amoureux ressemble à Pépé Lulu ; ça lui fait un peu peur, toute son imagination.*

OUAIS. Bonjour, Mémé Blanche.

MÉMÉ BLANCHE. Chut !

OUAIS. Quoi ?

MÉMÉ BLANCHE. Écoute.

OUAIS. Quoi ?

MÉMÉ BLANCHE. Écoute.

OUAIS. J'écoute.

MÉMÉ BLANCHE. Tu entends ?

OUAIS. Qu'est-ce que je dois entendre ?

MÉMÉ BLANCHE. Chut ! Écoute !

OUAIS. Ouais j'écoute mais j'entends plein de trucs alors je ne sais pas sur quoi me concentrer.

MÉMÉ BLANCHE. Tu entends plein de trucs ?

OUAIS. Ouais.

MÉMÉ BLANCHE. Comme quoi ?

OUAIS. La machine à laver dans la buanderie. Les oiseaux, dehors. Les voitures plus loin. Les petits bruits que fait ta bouche. Ton cœur. Et le mien.

MÉMÉ BLANCHE. Parfait.

OUAIS. Mais qu'est-ce que je devais écouter ?

MÉMÉ BLANCHE. Rien de particulier.

OUAIS. Ah bon.

MÉMÉ BLANCHE. Ta mère va bien ?

OUAIS. Elle n'arrête pas de se plaindre des produits. Elle dit que les shampooings sont toxiques et qu'elle va mourir à quarante ans.

MÉMÉ BLANCHE. Dis-lui qu'à l'occasion elle peut rendre visite à sa mère avant de passer l'arme à gauche.

OUAIS. Elle dit que je viens tout le temps, alors c'est comme si elle venait.

MÉMÉ BLANCHE. C'est mieux que si elle venait, c'est cent fois mieux.

OUAIS. De qui on parle aujourd'hui ?

MÉMÉ BLANCHE. Calamity Jane.

OUAIS. C'est qui, Calamity Jane ?

MÉMÉ BLANCHE. De son vrai nom Martha Jane Canary.

OUAIS. Comme les oiseaux ?

MÉMÉ BLANCHE. C'était une femme cow-boy. Pas une tendre.

OUAIS. Une femme cow-boy avec un nom d'oiseau.

MÉMÉ BLANCHE. Elle a été éclaireuse pour le général Custer, a fait campagne contre les Indiens, dans les montagnes d'Arizona. D'une habileté redoutable au tir, elle portait des habits d'homme.

OUAIS. Moi, je n'aimerais pas m'habiller en garçon. Les jeans, ça moule les fesses.

MÉMÉ BLANCHE. Et alors ? Tu as des fesses très mignonnes, Ouais.

OUAIS. Non, elles sont pas mignonnes, mes fesses.

MÉMÉ BLANCHE. Si, elles sont mignonnes.

OUAIS. À part ça, qu'est-ce qu'elle a fait de si important, Calamity Jane ?

MÉMÉ BLANCHE. Prépare le thé, Ouais.

OUAIS. Lotus ?

MÉMÉ BLANCHE. Sauge.

Un jour, dans le Wyoming, elle tombe dans une embuscade, avec un groupe de soldats qu'elle a sous ses ordres. Partout, il y a des Indiens et des Indiens et des Indiens. Calamity Jane dégaine et plusieurs fois elle fait mouche. Les Indiens s'écroulent, elle reste debout et serre les dents. Plusieurs soldats y laissent des plumes. Un capitaine reçoit une flèche en pleine poitrine, il va tomber de cheval, Calamity Jane part au galop, agrippe le capitaine avant qu'il ne s'effondre, le hisse sur son cheval et l'emporte.

OUAIS. Elle lui a sauvé la vie ?

MÉMÉ BLANCHE. C'est lui qui l'a baptisée Calamity Jane, l'héroïne des plaines. Plus tard, elle traverse la rivière Platte à la nage avant de devenir la première femme blanche à pénétrer dans les Black Hills, au beau milieu des Sioux ; elle échappe à la mort des centaines de fois, fait un gosse à Charlie Burke et puis elle meurt le 1er août 1903.

OUAIS. Ah ouais, elle date pas d'hier, Calamity Jane.

MÉMÉ BLANCHE. C'était une grande dame.

OUAIS. Est-ce que je pourrai suivre une formation pour devenir Calamity Ouais ?

MÉMÉ BLANCHE. Moins de thé. Tu en mets toujours trop. Après ça m'énerve et je ne dors plus. Ouais, je t'ai déjà dit, ces histoires de femmes célèbres que je te raconte, c'est pour t'inspirer dans la vie. Ça ne fait pas de moi une conseillère d'éducation. Je ne connais pas les filières, seulement les gens qui les ont suivies. Si tu souhaites devenir Calamity Jane, j'imagine que le mieux, pour débuter, c'est de t'inscrire dans un stand de tir.

OUAIS. Où est-ce que je peux trouver des Indiens à zigouiller ?

MÉMÉ BLANCHE. Dans les restaurants qui leur sont dévolus.

OUAIS. Et les rivières à traverser, c'est dangereux pour une fille de dix ans.

MÉMÉ BLANCHE. Entraîne-toi à la piscine.

OUAIS. Stand de tir et piscine. Aujourd'hui, Calamity Jane dans la vie elle serait pas cow-boy, elle ferait du biathlon.

MÉMÉ BLANCHE. Le biathlon, c'est carabine et ski. Calamity, c'était nage et pistolet.

OUAIS. J'aime le bruit de l'eau qui bout. On dirait un ventre.

MÉMÉ BLANCHE. Il faudrait qu'on aille à la guinguette un de ces quatre, toutes les deux.

OUAIS. À la guinguette.

MÉMÉ BLANCHE. Danser la valse.

OUAIS. Encore !

MÉMÉ BLANCHE. Tu connais la guinguette ? Qui a osé t'emmener à la guinguette ?

OUAIS. Toi.

MÉMÉ BLANCHE. Moi.

OUAIS. Avant-hier.

MÉMÉ BLANCHE. Qu'est-ce que tu dis ? Avant-hier, je ne suis pas sortie. J'ai fait du ménage toute la journée. Et j'ai recousu des robes.

OUAIS. On a parlé de René de Condillac, et puis La Guigne, Nostradamus et Henri je sais plus quoi, tous tes amis. J'ai même dansé avec Alfred.

MÉMÉ BLANCHE. Ah oui. Oui. C'est vrai. Tu as dansé avec Alfred. Alfred Peletier. L'imprimeur.

OUAIS. Je ne lui ai pas demandé son nom. Déjà que j'avais peur de lui.

MÉMÉ BLANCHE. Tu as dansé avec Alfred. Mais oui. Je te revois. À la guinguette. Avant-hier. C'est bien. C'était bien.

OUAIS. C'était super.

MÉMÉ BLANCHE. À la guinguette, toi et moi. On ne va pas y retourner alors. Pas tout de suite. C'est trop tôt pour y retourner.

OUAIS. Quelles tasses je prends ?

MÉMÉ BLANCHE. Les tasses de porcelaine. Les tasses des grands jours.

OUAIS. C'est un grand jour ?

MÉMÉ BLANCHE. Et hier ? Tu m'as rendu visite hier ?

OUAIS. Hier, non. J'avais trop de devoirs, et puis Papa et moi, on a regardé un dessin animé très long, beaucoup trop long pour les enfants comme moi, mais Papa a insisté pour que je le regarde et j'ai tenu jusqu'au bout sans m'endormir, alors que c'était un dessin animé insupportable avec des petites filles qui se transformaient en cochons et des petits garçons avec des têtes de boucs. À la fin, j'ai senti que Papa regrettait un peu de m'avoir obligée, mais c'était trop tard, j'avais des cochons plein la tête, des boucs, plein de trucs de grandes personnes, parce qu'il fallait voir ce que complotaient les boucs dans le dos des cochons, bref, non hier je ne suis pas venue t'embrasser.

MÉMÉ BLANCHE. Il est bon ton thé. Très bon. Tu es la reine du thé, Ouais.

OUAIS. N'empêche, si tu veux retourner à la guinguette, moi je viens.

6

OUAIS. Mémé Blanche !
Mémé Blanche, est-ce que tu es là ?
Mémé !
Ouvre-moi !
Mémé, c'est Ouais, ouvre la porte !
Mémé, j'ai froid !
Est-ce que tu dors dans ton canapé ?
Tu es partie faire tes courses ?
Mémé Blanche !
Je retourne à la maison, sinon Maman va me punir parce que je traîne dans la rue.
Mémé Blanche !
Je voulais te dire que j'ai eu une observation très spéciale ce matin : la maîtresse a dit que ce n'est

pas un métier possible de tuer des Indiens de nos jours et que je ferais mieux de penser à des choses bonnes pour mon prochain, je lui ai demandé qui c'est mon prochain, et elle n'a pas su quoi me répondre.

Mémé Blanche, c'est qui mon prochain ?

Mémé !

À demain.

Je reviens demain. Toi, je sais que tu as la réponse.

Passe une bonne nuit.

## 7

OUAIS. Bonjour Mémé Blanche.

MÉMÉ BLANCHE. Bonjour Ouais, embrasse ta grand-mère mon ange, embrasse-moi.

OUAIS. Hier, je suis venue te voir mais tu n'étais pas là. Pourquoi tu as fermé ta porte ?

MÉMÉ BLANCHE. Par crainte des voleurs.

OUAIS. Tu sais bien que les voleurs n'existent pas.

MÉMÉ BLANCHE. Depuis quand ils n'existent pas ? J'ai regardé à la télévision hier soir, j'ai bien vu qu'ils existent. Il y en avait plein le poste. Ils sont partout. Ils sont Indiens.

OUAIS. Les voleurs, ils sont Indiens ?

MÉMÉ BLANCHE. Embrasse-moi, Ouais.

OUAIS. Elle sent bon, ta robe.

MÉMÉ BLANCHE. Elle sent la naphtaline.

OUAIS. Ça sent bon.

MÉMÉ BLANCHE. Tes cheveux sentent meilleur.

OUAIS. Ils sentent la pomme. Maman a dit qu'au salon, hier une dame s'est évanouie pendant qu'on lui faisait sa permanente et les pompiers n'ont pas pu la ranimer.

MÉMÉ BLANCHE. Elle est morte ?

OUAIS. Ouais.

MÉMÉ BLANCHE. À cause des shampooings ?

OUAIS. Je sais pas.

MÉMÉ BLANCHE. Ta mère ferait bien de changer de métier.

OUAIS. Je trouve que tu as très bonne mine, Mémé Blanche. Tu as les joues roses.

MÉMÉ BLANCHE. Ce sont tes joues à toi qui déteignent sur les miennes.

OUAIS. Ça déteint, les joues ? C'est dégoûtant. Tu imagines si une joue de barbu déteint sur la tienne.

MÉMÉ BLANCHE. De toute façon, j'ai déjà des poils.

OUAIS. T'as des poils ?

MÉMÉ BLANCHE. Au menton.

OUAIS. N'importe quoi.

MÉMÉ BLANCHE. Regarde.

OUAIS. Ah ouais.

MÉMÉ BLANCHE. Le fond de teint, ça les cache.

OUAIS. Personnellement, ça ne me dérange pas. C'est la nature, on ne peut rien contre la nature.

8

MÉMÉ BLANCHE. J'ai déchiré ma robe préférée, la robe en mousseline blanche, avec les poches couvertes de perles, les perles bleues. Je l'ai déchirée.

OUAIS. Il faut la recoudre.

MÉMÉ BLANCHE. J'ai recousu ma robe déchirée. Je l'ai déchirée, puis je l'ai recousue. Regarde.

OUAIS. Ah ouais.

MÉMÉ BLANCHE. Tu vois.

OUAIS. Mais –

MÉMÉ BLANCHE. Je l'ai recousue, je l'ai trop recousue.

OUAIS. Les manches –

MÉMÉ BLANCHE. J'ai recousu les manches –

OUAIS. Il n'y a plus de trou pour passer les mains.

MÉMÉ BLANCHE. Plus de trou –

OUAIS. Tu as recousu les trous ?

MÉMÉ BLANCHE. Ouais.

OUAIS. Il faut pas recoudre les trous.

MÉMÉ BLANCHE. Il faut pas.

OUAIS. Tu veux t'asseoir, Mémé Blanche ?

MÉMÉ BLANCHE. M'asseoir ? Pour quoi faire ? Tu me prends pour qui ? Je ne suis pas sénile, je ne suis pas handicapée, je tiens debout, ma petite, je tiens debout alors je ne m'assieds pas, c'est clair ?

OUAIS. Est-ce que tu cries, Mémé ?

MÉMÉ BLANCHE. Est-ce que je crie ?

OUAIS. Ouais, est-ce que tu cries ?

MÉMÉ BLANCHE. Est-ce que je crie ?

## 9

OUAIS. Cher Pépé Lulu,

Je t'écris parce que je grandis et tu n'es pas là pour le voir.

L'année prochaine, si mes observations ne sont pas trop bizarres, j'entrerai au collège.

Je suis selon ma maîtresse extrêmement insaisissable, selon mon père extrêmement avancée pour mon âge, selon ma mère extrêmement adoptée.

Je crois que ma maîtresse est en dépression. J'ai vu à la télé que c'était fréquent chez les maîtresses, à cause des enfants insaisissables. J'aimerais m'excuser auprès d'elle de déclencher son stress, mais on ne s'entend pas super bien, sauf quand je dessine des choses plus belles que belles.

Mes parents sont gentils dans l'ensemble, ils font leur vie. Maman va bien, sauf qu'elle va mourir tôt ou tard à cause des shampooings. Papa va bien, sauf qu'il déteste ses collègues de bureau qui ne pensent qu'à faire des solitaires sur leur ordinateur.

J'ai souvent dormi contre Mémé Blanche depuis que tu es mort. Mémé Blanche quand elle s'endort, c'est sur le côté gauche, avec les mains croisées sur le cœur. Mais je crois que tu le sais. La plupart du temps, elle ronfle et quand elle ne ronfle pas, elle parle. Elle parle de toi, je voulais que tu le saches. Tout le temps. En très bons termes, sauf que des fois elle dit qu'elle t'en veut d'un truc mais je sais pas quoi parce qu'elle articule moyennement quand elle parle et qu'elle dort en même temps.

Mais je l'entends dire Lulu, Lulu, Lulu, pourquoi tu m'as fait ça.
Bon, j'y vais.
Prends soin de toi, Pépé, là où tu es, dans les feuilles des arbres, dans les cailloux du chemin, au sommet des montagnes, au creux de la vague.

Je t'embrasse.

Ta petite-fille Ouais.

10

MÉMÉ BLANCHE. Allô ?
Ouais, passe-moi ta mère.
Je vais bien, je t'embrasse mon moineau, passe-la-moi.
Allô.
Catherine. Bonjour. Comment ça va, ma grande ?
Tant mieux, je suis contente.
Je voudrais que tu passes me voir.
Pourquoi ? Tu me demandes pourquoi je veux que tu passes me voir ? Parce que je suis ta mère et qu'une fille de temps en temps passe voir sa mère quand elle est bien élevée. Comment ça tu n'es pas bien élevée, on t'a mal élevée, ton père et moi ? Trop de libertés, comment ça trop de libertés, elle est bien bonne !
Au fait, tu es au courant que ton père est mort il y a trois mois et demi ?
Je me fiche que tu aies du travail par-dessus la tête, je veux que tu passes, j'ai besoin de te voir. Il faut que tu m'emmènes à l'hôpital.

Comme ça.
Mais non je ne suis pas malade.
Juste un petit contrôle.

11

OUAIS. Sûre de toi ?

MÉMÉ BLANCHE. File, je te dis, et ne te fais pas piquer.

OUAIS. Mais si je finis en prison ?

MÉMÉ BLANCHE. Personne ne te mettra en prison, pour deux raisons. Primo, tu ne te feras pas prendre. Deuzio, tu es trop petite pour être écroulée.

OUAIS. Écroulée ?

MÉMÉ BLANCHE. En prison. Quand ils t'enferment, on dit qu'ils t'écroulent.

OUAIS. Parce que dans ta cellule, tu es tellement abattu que tu t'effondres.

MÉMÉ BLANCHE. Allez c'est pas la mer à boire.

OUAIS. Et qu'est-ce qu'on fera des sucettes quand je les aurai volées ?

MÉMÉ BLANCHE. D'après toi ?

OUAIS. On les sucera ?

MÉMÉ BLANCHE. Ouais.

OUAIS. J'ai qu'à en acheter.

MÉMÉ BLANCHE. Je veux que tu les voles.

OUAIS. Mais pourquoi ?

MÉMÉ BLANCHE. Parce que. Tu les voles un point c'est

tout. Courage. Vérifie que personne ne te surveille du coin de l'œil.

OUAIS. Si Papa et Maman apprennent ça, ils vont me priver de poney jusqu'à ma majorité.

MÉMÉ BLANCHE. À ta majorité, tu auras la taille de monter sur de vrais chevaux, alors on s'en fout.

OUAIS. Bon ben je vais aller voler des sucettes puisque tu me le demandes.

MÉMÉ BLANCHE. Vas-y.

OUAIS. J'y vais.

MÉMÉ BLANCHE. Allez.

OUAIS. Combien j'en vole ?

MÉMÉ BLANCHE. Une dizaine. J'en veux une au Coca-Cola, et une vanille-fraise. Les autres, c'est toi qui vois.

OUAIS. J'y vais.

MÉMÉ BLANCHE. Fonce.

OUAIS. J'y vais pas.

MÉMÉ BLANCHE. Quoi ?

OUAIS. Je peux pas.

MÉMÉ BLANCHE. Comment ça, tu ne peux pas ?

OUAIS. Je ne peux pas voler des sucettes.

MÉMÉ BLANCHE. Pourquoi ?

OUAIS. Parce que.

MÉMÉ BLANCHE. Parce que ça ne se fait pas ?

OUAIS. Parce que je ne l'ai pas décidé. Même si c'est toi qui me le demandes, il faut que je le décide. Que je le décide seule, pour moi et pour toi, mais d'abord seule. Et je décide de ne pas. Voilà. Si tu veux des sucettes, Mémé Blanche, tu vas te les voler toi-même.

MÉMÉ BLANCHE. C'est bien. Je suis fière de toi. Tu es la meilleure petite-fille du monde.

OUAIS. Ah bon.

MÉMÉ BLANCHE. C'était un petit cours improvisé de forge de caractère.

OUAIS. Zut alors, je m'étais pas rendue compte.

MÉMÉ BLANCHE. Parce que je suis fine, très fine.

OUAIS. Heureusement que je ne suis pas allée te voler des sucettes. Je trouvais ça bizarre, vu que tu n'aimes pas le sucre.

MÉMÉ BLANCHE. J'aurais préféré un bon litre de vinaigre bien acide.

OUAIS. Mais toi, tu n'as jamais volé de sucettes ?

MÉMÉ BLANCHE. Bien sûr que si. À ton âge, tu sais, j'étais la plus discrète.

## 12

MÉMÉ BLANCHE. Catherine est venue me chercher à l'heure du thé. On a papoté, puis on a pris la voiture. On est allé à l'hôpital. Dans la salle d'attente, on a papoté. Est-ce que tu es allée déposer des fleurs sur la tombe de ton père ? Puis, on a vu le médecin. On a papoté. C'est un joli prénom, Blanche. Puis, je lui ai expliqué le coup de la guinguette, le coup de la robe de mousseline. Il m'a dit : vous savez madame, de nos jours, tout le monde croit avoir cette fichue maladie. Au moindre symptôme, on débarque avec des larmes. Est-ce que je pleure, docteur ? Non, madame, vous ne pleurez pas. Si vous y tenez, on fera des examens. Vous avez subi un choc en perdant votre mari. Veillez sur vous. Je veille sur moi, docteur. J'ai encore assez de tête pour veiller sur moi. Et puis, votre fille a l'air de bien s'occuper de vous. Ma fille ? Quelle fille ? Ah celle-là, vous voulez dire ? Est-ce que vous aviez oublié qu'il s'agissait de votre fille ? Pas du tout docteur, vous me prenez pour une imbécile ? C'est ma fille qui oublie sa mère, ne vous y trompez pas. Merci de votre attention, docteur. Je reviendrai si jamais – Catherine, on s'en va. On a repris la voiture. On n'a plus papoté. Elle m'a déposée chez moi. Elle m'a finalement demandé si ça allait. Ça va, la forme. Bon. Merci. À la prochaine.

## 13

OUAIS. Mémé, tu saignes.

MÉMÉ BLANCHE. Je me suis coupée en épluchant les carottes.

OUAIS. Je vais chercher un pansement dans la pharmacie.

MÉMÉ BLANCHE. En fait, je crois que ce sont ces satanées carottes qui ont retourné le couteau contre moi. Tu as vu le film *L'Attaque des Légumes masqués* ?

OUAIS. Non.

MÉMÉ BLANCHE. C'est parce qu'ils ne l'ont pas encore tourné. Mais mes carottes, sûr qu'elles seraient retenues à l'audition.

OUAIS. Je rincerai les carottes, elles sont toutes rouges.

MÉMÉ BLANCHE. C'est parce qu'elles sont timides.

14

OUAIS. Cher Pépé Lulu,

Ce matin, j'ai pansé les mains de Mémé Blanche qui étaient pleines de petites coupures.
Elle a été attaquée par des carottes armées. Tout ce qui n'est pas bio est dangereux, dit Papa. N'empêche qu'il n'achète jamais de produits bios. Tout ce qui n'est pas bio coûte moins cher, dit Papa.
Cet après-midi à l'école, j'ai dessiné un pont.
C'était magnifique.
Je pense à toi.
Tu me manques vachement.
Bon, je vais me coucher.

Bisous.

Ouais.

15

Ouais. Qu'est-ce que tu dis, Mémé ?

Mémé Blanche. Cette nuit, j'ai rêvé qu'un cardinal venait se poser sur le rebord de ma –

Ouais. Ouais ?

Mémé Blanche. Là.

Ouais. Sur le rebord de ta fenêtre ?

Mémé Blanche. Il me regardait en remuant ses yeux comme on fait rouler, rouler une pièce, une pièce de – une pièce de monnaie entre ses doigts. Il avait la couleur du feu, il était là, comme le feu.

Ouais. C'est drôle, un pape à une fenêtre.

Mémé Blanche. Un pape ?

Ouais. Le cardinal.

Mémé Blanche. C'était un oiseau. Le cardinal, c'est aussi un oiseau.

Ouais. Je savais pas.

Mémé Blanche. C'est les mots, ça. On croit qu'ils disent une chose. Et puis ils en disent une autre. Ça rend la vie assez –

Ouais. Assez quoi ?

Mémé Blanche. Assez –

Ouais. Assez différente ?

Mémé Blanche. Non.

Ouais. Assez claire ?

Mémé Blanche. Non plus.

Ouais. Assez folle ?

MÉMÉ BLANCHE. C'est pas ce que je voulais dire. Ça rend la vie assez –

OUAIS. Belle ?

MÉMÉ BLANCHE. C'est ça ! C'est ça. Belle.

16

MÉMÉ BLANCHE. Quand je pense que c'est déjà l'automne.

OUAIS. C'est pas déjà l'automne, qu'est-ce que tu racontes, Mémé ?

MÉMÉ BLANCHE. C'est déjà l'automne, eh si.

OUAIS. On est le 12 avril, je le sais, je l'ai écrit ce matin sur mon cahier du jour.

MÉMÉ BLANCHE. Tu es – Tu n'as plus qu'à, eh oui, tu n'as plus, il va falloir raturer ton cahier. Tu n'as plus qu'à rayer la date. Parce que c'est faux.

OUAIS. 12 avril, regarde, c'est écrit là.

MÉMÉ BLANCHE. Petite menteuse. Tu dis ça pour me, parce que tu veux me – Tu veux voler mes sous ?

OUAIS. Qu'est-ce que tu dis, Mémé Blanche ?

MÉMÉ BLANCHE. Tu veux voler mes sous, mes sous ils sont cachés, petite voleuse. Qui t'a dit que j'avais des Napoléons, qui t'a dit ça, hein, que la vieille avait des sous planqués sous son matelas, qui –

OUAIS. Mémé, arrête –

MÉMÉ BLANCHE. J'arrêterai quand tu auras reconnu

qu'on est, que c'est l'automne, c'est l'automne, dis-le !

OUAIS. C'est pas l'automne. Je décide pas de la saison et toi non plus. C'est le printemps. 12 avril. T'as compris ?

MÉMÉ BLANCHE. Sors d'ici. Rentre chez ta mère. Déglutis. Déglutis !

OUAIS. Mémé Blanche –

MÉMÉ BLANCHE. Tu veux aller à la guinguette, ma petite Ouais ?

OUAIS. À la guinguette ?

MÉMÉ BLANCHE. Danser la valse ? Tu sais danser la – Moi, je danse avec Pépé Lulu. Lulu ? Lulu !

OUAIS. Mémé, Pépé n'est plus là.

MÉMÉ BLANCHE. Où est-ce qu'il traîne encore celui-là ?

OUAIS. Dans les feuilles des arbres, les cailloux du chemin, au sommet des montagnes, au creux de la vague.

MÉMÉ BLANCHE. Ah bon ?

OUAIS. Ouais.

MÉMÉ BLANCHE. Ah bon.

17

OUAIS. Cher Pépé Lulu,

Mémé est devenue bizarre. Elle fait des choses bizarres, elle en dit aussi. Des fois, j'ai peur de Mémé. Je n'avais jamais eu peur de Mémé. Maman

m'a dit qu'elle avait un truc à la tête, un truc avec un nom bizarre. Il paraît que Mémé ne sera plus jamais comme avant, quand elle n'était pas trop bizarre mais juste un peu quand même. Papa m'a dit que ce qu'elle avait, ça n'allait pas s'arranger. Moi, je veux que Mémé s'arrange.
Et toi, qu'en penses-tu ?
Hier, elle m'a demandé de cirer tes godasses.
Je lui ai dit : à quoi ça sert ?
Elle m'a donné une petite tape sur la main.
Comme il y a beaucoup de veines à cet endroit, j'ai pleuré.
Puis, Mémé Blanche est restée debout dans le salon, près de son canapé. Elle regardait devant elle, comme s'il y avait l'horizon, alors que c'était l'horloge, avec son balancier.
Pépé Lulu, est-ce que plus tard, j'aurai un truc à la tête, moi aussi ?
Et mes enfants, ils auront des trucs à la tête ?

Je t'aime.

Ouais.

18

MÉMÉ BLANCHE. Bonjour Ouais.

OUAIS. Bonjour Mémé Blanche. Tu es très belle aujourd'hui.

MÉMÉ BLANCHE. J'ai mis ma robe de mousseline. J'ai décousu les manches et voilà, elle est comme neuve. Elle me va bien, n'est-ce pas ?

OUAIS. Ouais.

MÉMÉ BLANCHE. Toi aussi tu es resplendissante. Quand est-ce que tu te maries ?

OUAIS. Quoi ?

MÉMÉ BLANCHE. Quand est-ce que tu te maries ? Il est temps d'y penser. J'ai envie d'aller à un mariage. Les gens qui font la fête, la robe, la robe toute blanche, avec la longue traîne, et le champagne, les bulles dans les, dans les verres là, les bulles, et la pièce montée avec les petits choux et la nougatine, les danses jusqu'à l'aube. Alors, quand ?

OUAIS. Mémé, j'ai que dix ans.

MÉMÉ BLANCHE. Dix ans ?

OUAIS. Ouais, c'est jeune.

MÉMÉ BLANCHE. Pas si tu rencontres un garçon, un petit garçon, un grand, entre dix et quinze, qui peut assumer pour vous deux, en attendant que tu trouves, que tu saches faire des métiers, des professions, des choses utiles à votre couple, à votre enfant, tout ça, toute la vie. Il faut se marier.

OUAIS. Qu'est-ce que c'est, toutes ces photos ?

MÉMÉ BLANCHE. C'est les gens.

OUAIS. C'est Pépé Lulu, ça ?

MÉMÉ BLANCHE. Lucien, c'est Lucien. C'est lui. Il ne parle pas. Il me regarde et il ne dit rien. Il m'agace.

OUAIS. C'est une photo, Mémé.

MÉMÉ BLANCHE. Il reste là à me regarder et il se tait, cet imbécile.

OUAIS. Et là, c'est qui ?

MÉMÉ BLANCHE. C'est Dominique. C'est mon frère Dominique. Tu te souviens de Dominique ?

OUAIS. Non.

MÉMÉ BLANCHE. Il est au ciel. Ils vont tous au ciel. On les met dans le cercueil et puis ils vont au ciel. Est-ce que tu sais ce qu'ils y font, au ciel ? Qu'est-ce qu'ils fabriquent au ciel, tous ensemble ?

OUAIS. Ils dansent jusqu'à l'aube.

MÉMÉ BLANCHE. Avec des femmes ?

OUAIS. Il doit bien y avoir des femmes aussi, comme Calamity Jane.

MÉMÉ BLANCHE. Calamity Jane est au ciel ?

OUAIS. Sûrement.

MÉMÉ BLANCHE. Alors Jeanne Calment aussi.

OUAIS. Jeanne Calment, c'est la dame qui a été vieille toute sa vie, c'est ça ?

MÉMÉ BLANCHE. Je t'en ai déjà parlé, hein, je t'en ai –

OUAIS. Ouais.

MÉMÉ BLANCHE. Je n'ai aucune confiance en cette bonne femme. Elle a vécu cent soixante-douze ans. C'est une endurante. Elle va me piquer Lucien.

OUAIS. Cent vingt-deux, pas cent soixante-douze. Personne ne peut vivre jusqu'à cent soixante-douze ans.

MÉMÉ BLANCHE. Jeanne Calment, elle a vécu vieille parce que toute sa vie, elle en a pris.

OUAIS. De quoi ?

MÉMÉ BLANCHE. Des calmants. Ça a ralenti sa croissance. Ça a ralenti sa vieillesse. Elle a vécu et elle est morte au ralenti, à quoi ça sert ? Moi, je vais débarrasser le plancher vite fait.

OUAIS. Dis pas ça.

MÉMÉ BLANCHE. Pépé Lulu, il est rectifié. Rectifié. Il l'ont mis dans le cercueil, là, le cercueil, dedans ils l'ont mis, et puis allez hop au ciel avec Jeanne Calment. Les hommes sont tous les mêmes.

OUAIS. Et ça, qui c'est ?

MÉMÉ BLANCHE. Ça, c'est Léon Zitrone.

OUAIS. Léon quoi ?

MÉMÉ BLANCHE. Léon Zitrone. Le gars de la télé. Celui qui présente les enterrements en direct. Et les mariages, il fait aussi les mariages.

OUAIS. Léon Zitrone.

MÉMÉ BLANCHE. Il est passé tout à l'heure. Il était assis là, juste là. Avec ses grosses lunettes qui lui font des yeux minuscules. Je lui ai servi un jus de fruit. Qu'est-ce qu'on a rigolé. Qu'est-ce qu'il est gros.

OUAIS. C'est un monsieur de la télévision et il est venu te rendre visite ?

MÉMÉ BLANCHE. Qu'est-ce que tu crois ?

OUAIS. Moi, je t'ai dessiné ça.

MÉMÉ BLANCHE. Qu'est-ce que c'est ?

OUAIS. La France.

MÉMÉ BLANCHE. Ah oui c'est la France. Je reconnais la Bretagne. La pointe du Raz. L'île de Batz, là. C'est l'île de Batz, ça, ce petit point, n'est-ce pas ?

OUAIS. Je ne connais pas l'île de Batz.

MÉMÉ BLANCHE. Ta Maman est toute petite, on l'emmène sur l'île de Batz avec Pépé Lulu. Catherine, Catherine, attends-moi ! Il y a trop de vent pour aller sur la plage, les vagues vont t'avaler ! Catherine, ramasse ton épuisette, ramasse-la !

OUAIS. Mémé –

MÉMÉ BLANCHE. Lucien, je t'avais prévenu qu'un parasol en Bretagne, c'est aussi utile qu'une écharpe au Kenya. Qu'est-ce que tu peux être têtu. Tu es rectifié. Rectifié, mon Lulu. Ils vont tous au ciel, va savoir – Mais après, est-ce qu'il revient après ?

OUAIS. Je sais pas.

MÉMÉ BLANCHE. Prends la petite soucoupe, là.

OUAIS. Avec les carreaux de chocolat dedans ? C'est pour moi ?

MÉMÉ BLANCHE. Mais non, c'est pas pour toi. Toi, tu n'as pas les dents qu'il faut. Tu as des dents de lait. C'est du chocolat noir, il faut des dents noires pour manger du chocolat noir, sinon ça transforme le chocolat. Allez, donne ça à ton Pépé.

OUAIS. Quoi ?

MÉMÉ BLANCHE. Donne la soucoupe à Pépé Lulu.

OUAIS. Mémé Blanche –

MÉMÉ BLANCHE. Pose-lui. S'il a faim, il se servira.

OUAIS. Je pose où ?

MÉMÉ BLANCHE. Devant la photo, là.

OUAIS. Devant la photo.

MÉMÉ BLANCHE. La photo, bécasse.

OUAIS. Voilà.

MÉMÉ BLANCHE. C'est bien. Maintenant, s'il a faim, il

mange. Sinon, tant pis pour lui. Mais il ne pourra pas rouspéter qu'on ne pense pas à lui.

19

OUAIS. Et puis l'été est passé. Mémé a cru que c'était l'hiver. On n'est pas partis en vacances. Maman a souvent rendu visite à Mémé. Papa aussi. Moi tous les jours. Je trouve les amis de mon âge extrêmement cons.

MÉMÉ BLANCHE. Léon. Entrez. Faites comme chez vous. Comment allez-vous, cher Léon ? Très jolie cravate, vous avez un goût exquis. Oh vous voyez, c'est là, c'est chez moi, vous, entrez, je vous sers un jus de fruit, c'est douillet, oui, c'est chez moi, vous savez la dernière : Ouais se marie, à l'automne. Il faudra présenter ça. Guy Lux, ah bon. Je n'aurais jamais imaginé ça de Guy Lux. Pas question qu'il touche un cheveu de ma petite-fille. Il est trop vieux pour elle. Ouais a le droit de choisir son mari. Dites à Guy qu'il perd son temps.

20

OUAIS. Je vais peut-être sauver Vincent Lefèvre de la *Liste de mes choses à oublier*. Parce qu'il offre des pâquerettes quand on ne s'y attend pas et il ne veut pas sortir avec moi, il me l'a dit : c'est pour toi, des pâquerettes, mais je veux pas sortir avec toi, hein.

MÉMÉ BLANCHE. Léon ! Entrez. Vous vous êtes remis de votre petite indigestion d'hier. Ça m'a fait plaisir de cuisiner pour vous. Lucien n'a touché à rien ; vous auriez pu finir le chat. Alors, Léon, quelles nouvelles ? Indira Gandhi, oh la pauvre. Est-ce que vous faites l'enterrement des gens normaux, quelquefois ? Ah ça vous arrive. Mais ils ne sont pas retransmis ? Ah si ? J'aimerais bien qu'on, vous voyez, mon enterrement, qu'on le, que ça passe à la télévision, avec celui d'Indira, comme le sien, à Gandhi. Ouais n'est pas passée hier, avant-hier non plus, je ne l'ai pas vue l'année dernière, pas vue, ma petite-fille, elle m'abandonne, tout le monde, c'est comme ça, ce n'est pas retransmis.

21

MÉMÉ BLANCHE. Léon. Où êtes-vous Léon ? Léon ! Léon Zitrone ! Je vous ai préparé à manger.

OUAIS. Mémé, qu'est-ce que tu fais sur le toit ?

MÉMÉ BLANCHE. C'est là, devant votre photo.

OUAIS. Mémé, au secours ! Au secours, les gens ! Arrêtez-vous –

MÉMÉ BLANCHE. Vous ne touchez à rien. Vous êtes comme Lucien. Vous m'aviez promis de présenter mon enterrement.

OUAIS. Mémé, descends, tu vas tomber !

MÉMÉ BLANCHE. Léon !

OUAIS. Je t'en supplie !

MÉMÉ BLANCHE. J'ai fait de la planchette. De la planchette de veau. C'est la meilleure du quartier.

OUAIS. Mémé Blanche ! Mémé Blanche !

MÉMÉ BLANCHE. J'ai ma robe de mousseline, Léon.

OUAIS. Monsieur, aidez-moi ! Ma Mémé est tout là-haut !

MÉMÉ BLANCHE. Pour la guinguette.

OUAIS. J'ai peur qu'elle tombe !

MÉMÉ BLANCHE. La guinguette.

OUAIS. J'ai peur qu'elle tombe !

MÉMÉ BLANCHE. La guinguette.

OUAIS. J'ai peur qu'elle tombe !

MÉMÉ BLANCHE. La guinguette.

22

OUAIS. Mémé Blanche.
Mémé Blanche ?
Réponds-moi.

MÉMÉ BLANCHE. Ouais.

OUAIS. Il ne faut pas mettre les photos dans le frigo.

MÉMÉ BLANCHE. Bien sûr que si.

OUAIS. C'est des photos, Mémé. Ça ne va pas au frigo.

MÉMÉ BLANCHE. J'ai fait de la planchette de veau pour Léon. Il n'est pas venu manger. Il ne vient plus. Lucien Lulu non plus. Alors je les mets au frigo. Bien fait.

OUAIS. C'était la rentrée ce matin. Ça y est, je suis en sixième.

MÉMÉ BLANCHE. Mais non ici c'est le rez-de-chaussée !

23

MÉMÉ BLANCHE. Léon. C'est lui qui m'a volé mes sous.

OUAIS. Léon Zitrone, il a volé tes sous ?

MÉMÉ BLANCHE. Il a volé mes sous, et puis, il a volé des morceaux, là, à l'intérieur, il m'a repeinte, là, toute blanche.

OUAIS. Léon Zitrone il t'a repeinte.

MÉMÉ BLANCHE. Il est venu avec ses grosses lunettes, les yeux minuscules, saloperie de Zitrone. Viens là, Ouais.

OUAIS. Quoi ?

MÉMÉ BLANCHE. Plus près, vais te dire secret.

OUAIS. Dis-moi.

MÉMÉ BLANCHE. Léon Zitrone a volé ma tête, à l'intérieur. Il est venu, bu un jus de fruit, fait ami-ami et puis pfuiiit, il va au ciel avec les autres et les poches pleines.

OUAIS. C'est Léon Zitrone qui t'a fait ça ?

MÉMÉ BLANCHE. C'est lui.

OUAIS. Il faut le retrouver.

MÉMÉ BLANCHE. Il a sifflé tout mon vinaigre.

OUAIS. Il habite où ?

MÉMÉ BLANCHE. Il vont tous au ciel, pfuiiit.

OUAIS. Au ciel ?

MÉMÉ BLANCHE. Dans un ballon, comme Jules Berne.

OUAIS. Moi, je veux qu'on retrouve Léon Zitrone. Je veux qu'on remette la main sur ce truc qu'il t'a volé.

MÉMÉ BLANCHE. Mémé Blanche devient toute blanche.

OUAIS. C'est une couleur qui te va bien.

## 24

OUAIS. Viens, Mémé.

MÉMÉ BLANCHE. Où ça ?

OUAIS. J'ai trouvé une montgolfière.

MÉMÉ BLANCHE. Ah bon.

OUAIS. Ouais.

MÉMÉ BLANCHE. Pour quoi faire ?

OUAIS. Pour aller chercher Léon Zitrone.

MÉMÉ BLANCHE. Où ça ?

OUAIS. Il faut qu'il te rende ce truc. Tu en as besoin pour aller danser et arrêter de te faire des taches partout sur tes robes. Avant t'avais jamais de tache.

MÉMÉ BLANCHE. C'est pas des taches, c'est des décorations.

OUAIS. Prends un pull. Il doit faire frais là-haut.

## 25

OUAIS. Cher Pépé Lulu,

Cet après-midi, j'ai séché le collège pour la première fois de ma courte vie. De toute façon, je ne suis pas faite pour les études, les autres sont trop grands ou trop petits. Je suis extrêmement inadaptée. C'est l'amour qui m'a fait désobéir. Je me suis dit que c'était la moindre des choses de désobéir par amour. J'ai pris Mémé par le bras et on a fait quelques pas en ville, dans la direction de la gare routière. À la gare routière, il y a des autocars qui vont n'importe où. Il y en a un qui part à 15 h 27 pour une ville qui s'appelle Aurillac. À Aurillac, il y a des montgolfières qui vont au ciel. Le problème, c'est qu'à la gare, il fallait payer l'autocar et avec mon argent de poche, j'avais pas assez. Alors j'ai demandé à Mémé et elle m'a encore accusée de vouloir voler ses sous, alors le monsieur du guichet s'est mis à poser plein de questions indiscrètes, et tout ça a fini chez Maman et Papa. Ils m'ont engueulée d'avoir voulu emmener Mémé Blanche à Aurillac. Je leur ai expliqué que je voulais simplement récupérer le truc de la tête de Mémé que Léon Zitrone a volé en buvant un jus de fruit. Maman s'est mise à pleurer, moi je n'ai plus rien compris, heureusement Mémé a éclaté de rire et on l'a ramenée chez elle. Dans la voiture, Papa a dit qu'il était temps de la placer. Ça veut dire quoi ?

Pardon, ce n'est pas très poli, je ne t'ai pas demandé comment tu allais ?

Et au fait, quelles sont vos occupations au ciel ?
J'ai dit à Mémé que vous dansiez, elle n'a pas apprécié.
Merci de me tenir au courant.

Je t'embrasse.

Ouais.

P.-S. : Tu connais Aurillac ?

26

OUAIS. Tiens, Mémé, c'est pour toi.

MÉMÉ BLANCHE. Qu'est-ce que c'est ?

OUAIS. Un dessin, tu vois.

MÉMÉ BLANCHE. Dessin.

OUAIS. C'est une montgolfière.

MÉMÉ BLANCHE. Mais oui ! Je vois. Fais vite, Ouais. Vite, monte ! On va la perdre !

OUAIS. Quoi ?

MÉMÉ BLANCHE. Elle décolle.

OUAIS. J'arrive, Mémé.

MÉMÉ BLANCHE. Monte dessus. Comme ça. Serre-toi. Les pieds joints.

OUAIS. Alors, avec Mémé, on est montées sur mon dessin, le dessin que j'avais prévu d'accrocher au mur.

MÉMÉ BLANCHE. Ça y est, je crois qu'elle va – Elle va – Elle va –

OUAIS. Ça y est, Mémé ! On décolle !

MÉMÉ BLANCHE. Souffle, il faut souffler ! Souffle !

OUAIS. Je souffle !

MÉMÉ BLANCHE. Oh là là !

OUAIS. On prend drôlement d'altitude !

MÉMÉ BLANCHE. J'aurais dû sortir Lucien Lulu du frigo, viens voir ça Lucien, viens voir ça !

OUAIS. Pépé Lulu !

MÉMÉ BLANCHE. Il est où, ce Zitrone ?

OUAIS. Il est au ciel !

MÉMÉ BLANCHE. On va le retrouver, tu crois ?

OUAIS. C'est sûr.

MÉMÉ BLANCHE. Ouais mais c'est grand.

OUAIS. Ouais mais on est serpicaces.

MÉMÉ BLANCHE. Ça c'est sûr on est serpicaces.

OUAIS. Léon !

MÉMÉ BLANCHE. Léon ! Rends-moi ce que tu m'as pris ! Et viens donc faire le commentaire que tu m'avais promis, saloperie de Léon va !

OUAIS. Attends, Mémé. Il va pas tarder. Bouge pas. Continue de monter.

MÉMÉ BLANCHE. Pour sûr qu'on monte. Je souffle, je souffle !

OUAIS. Alors, j'ai dessiné Léon Zitrone sur une feuille à part, avec ses grosses lunettes, son gros ventre, sa grosse cravate, et un air désolé. J'ai montré le dessin à Mémé.

MÉMÉ BLANCHE. Qui c'est ?

OUAIS. C'est lui !

MÉMÉ BLANCHE. Bon Dieu, c'est Zitrone ! C'est lui, Ouais ! C'est lui le coupable ! Zitrone, qu'est-ce que t'as fichu, saloperie ?

OUAIS. Monsieur Léon Zitrone, rendez sa tête à ma Mémé, tout de suite, où je vous pique vos lunettes et vous ne verrez plus où vous mettez les pieds et vous vous perdrez en plein ciel !

MÉMÉ BLANCHE. Bien parlé, ma petite-fille !

OUAIS. Alors, j'ai dessiné un truc sur une troisième feuille. Un truc bizarre, vu que c'était bizarre ce qu'avait Mémé. J'ai dessiné le truc que Léon lui avait volé comme j'imaginais que c'était.

MÉMÉ BLANCHE. C'est quoi ?

OUAIS. C'est le truc, Mémé Blanche. Le truc qu'il t'avait volé. Il l'a rendu. Tiens.

MÉMÉ BLANCHE. Il a rien dans le ventre, ce Zitrone. Il se dégonfle hélico. Et tu veux épouser ma petite-fille, toi ? T'es pire que Guy Lux. Viens, Ouais, on s'en va. Souffle. Souffle, pour qu'on aille, qu'on aille – Je sais pas – Je sais plus – Ouais, je veux rentrer –

OUAIS. On rentre, Mémé. Laisse-moi faire.

MÉMÉ BLANCHE. Vous auriez mieux fait de m'épouser, Léon. Vous auriez commenté votre propre mariage. On aurait dansé jusqu'à l'aube. Au lieu de ça, le ciel. Le ciel. Et on n'y fait rien. On fait rien au ciel. On fait rien du tout.

27

OUAIS. Tu vois, Pépé Lulu, j'ai sauvé la tête de Mémé, au moins dans sa tête, je l'ai sauvée. N'empêche, mes dessins étaient très réussis. Je crois que je vais devenir Camille Claudel. C'est Mémé qui me l'a dit. Je ne sais pas qui c'est, Camille Claudel. Elle non plus, elle n'a pas su me dire. Elle ne dit plus grand-chose depuis qu'on est redescendues du ciel. Elle s'est allongée dans le canapé. Je la regarde dormir. J'ai sorti ta photo du frigo. J'espère que tu n'as pas la grippe.

On pense à toi, toutes les deux.

Ouais.

28

MÉMÉ BLANCHE. Blanche.

OUAIS. Mémé –

MÉMÉ BLANCHE. Ma petite Blanche, ma jolie.

OUAIS. Comment ça va, Mémé Blanche ?

MÉMÉ BLANCHE. Ma petite Blanche, ma petite Blanche, c'est gentil de – Tu viens là, viens dans mes bras –

OUAIS. C'est moi, Mémé –

MÉMÉ BLANCHE. Ma petite Blanche, tu sens bon.

OUAIS. Toi aussi.

MÉMÉ BLANCHE. Blanche met des robes blanches. Blanche attache ses cheveux avec du bolduc. Elle veut faire le tour du monde avec ses cheveux, Blanche. Blanche est jolie et Lucien regarde, comme un renard. Blanche, fais attention à Lucien.

OUAIS. Ouais.

MÉMÉ BLANCHE. Blanche, prends-moi dans tes bras.

OUAIS. Ouais.

MÉMÉ BLANCHE. Blanche dans mes bras. Blanche toute blanche. Ma petite Blanche, je ne t'avais pas vue depuis – Oh, depuis – Ça fait combien de temps que –

OUAIS. Ça fait longtemps, très longtemps.

MÉMÉ BLANCHE. Où étais-tu Blanche ? Où étais-tu ?

OUAIS. Alors, j'ai dit à Mémé qu'elle était partout où elle ne savait plus qu'elle était. Dans les feuilles des arbres, les cailloux du chemin, au sommet des montagnes, au creux de la vague. Qu'enfin, elle faisait le tour du monde. Et qu'il n'était qu'à elle.

MÉMÉ BLANCHE. Ma toute petite Blanche, tu es si petite. Sors de mes bras, tu es si près de moi que – Sors, je ne te vois plus. Où es-tu ? Ah tu veux jouer à cache-cache ! D'accord, c'est moi qui compte. Je compte jusqu'à trente. Allez cache-toi. Un, deux, sept, douze, treize, dix-huit – Je vais te retrouver. Cache-toi bien. Cinquante-deux, quarante-sept, quinze, dix-neuf, trois, deux –

Fabrice Melquiot et la collection

THÉÂTRE JEUNESSE

*Albatros*
*Alice et autres merveilles*
*Bouli Année Zéro*
*Bouli Miro*
*Bouli redéboule*
*Catalina in fine*
*Le Gardeur de silences*
*Guitou*
*Perlino Comment*
*Wanted Petula*

Ce livre est imprimé sur un papier sans chlore
et résistant au vieillissement,
fabriqué selon un usage responsable de la forêt.

DEUXIÈME RÉIMPRESSION
ACHEVÉ D'IMPRIMER EN AOÛT 2015
DANS LES ATELIERS DE NORMANDIE ROTO IMPRESSION S.A.S.
À LONRAI (ORNE)
N° D'IMPRESSION : 1504171
DÉPÔT LÉGAL : FÉVRIER 2010

IMPRIMÉ EN FRANCE